AF233189

MADÈRE

ÉTUDIÉE

COMME STATION D'HIVER

PAR LE DOCTEUR

J. GOLDSCHMIDT

A FUNCHAL (MADÈRE)

PARIS

ADRIEN DELAHAYE et ÉMILE LECROSNIER, ÉDITEURS

PLACE DE L'ÉCOLE-DE-MÉDECINE

1880

MADÈRE

ÉTUDIÉE

COMME STATION D'HIVER

PARIS. — IMPRIMERIE EMILE MART NET, RUE MIGNON, 2.

MADÈRE

ÉTUDIÉE

COMME STATION D'HIVER

PAR LE DOCTEUR

J. GOLDSCHMIDT

A FUNCHAL (MADÈRE)

PARIS

ADRIEN DELAHAYE et ÉMILE LECROSNIER, ÉDITEURS

PLACE DE L'ÉCOLE-DE-MÉDECINE

1880

MADÈRE

ÉTUDIÉE

COMME STATION D'HIVER

L'île de .Madère, située entre le 16° 39′ 30″ et le 17° 16′ 38″ est de Greenwich, s'étend de l'est à l'ouest sur une longueur de 60 kilomètres. Sa plus grande largeur du nord au sud-est est de 22 kilomètres. Elle a 135 kilomètres de tour, 105 kilomètres carrés de superficie et une population très dense de plus de 120 000 habitants. Elle appartient au royaume de Portugal, dont elle constitue une province. Une chaîne de montagnes, d'origine volcanique, d'aspect grandiose, coupées par de profonds ravins, la traverse dans toute sa longueur. L'île est à une distance de 106 lieues marines du continent africain et à 172 lieues de l'Europe. Cet isolement au milieu de l'océan lui donne un climat éminemment marin, avec des changements de température insignifiants, une humidité modérée, des hivers chauds et des étés tempérés. Les montagnes, s'élevant jusqu'à 1600 mètres, abritent toute la côte méridionale, e surtout la capitale, Funchal. Cette ville est presque l'uniquet résidence des malades. Elle leur offre les meilleures condi-

tions climatériques, le confort indispensable et les distrac-
tions un peu modestes d'une petite ville. Elle compte
25 000 habitants, et elle est le siège du gouvernement civil
et militaire et de l'évêché. L'aspect de Funchal est celui de
beaucoup d'autres villes du midi de l'Europe : rues irrégu-
lières, murs éblouissants de blancheur, maisons entourées
de jardins, de vignes ou de champs de canne à sucre. Les
rues toutes pavées aux petits cailloux sont relativement
très propres, séchant vite après les pluies et offrant peu
d'animation, excepté au voisinage du quai et de la plage
où se concentre tout le mouvement des affaires et du com-
merce. L'arrivée des paquebots vient deux ou trois fois par
semaine exciter un intérêt passager parmi les habitants du
pays et la colonie étrangère, et, à cause des nouvelles atten-
dues, devient le grand événement. Cette colonie étrangère
se compose de quelques familles anglaises résidant à
Madère pour leurs affaires et de malades de toutes les
nations, au nombre d'environ 500. La plus grande partie de
ces malades vient encore de l'Angleterre.

La population indigène vit à part et très retirée, mais se
montre très accueillante pour les étrangers. Tout le monde
parle français et entoure de vives sympathies les Français
qui viennent pour l'hiver à Funchal. Un hospice fondé par
l'impératrice du Brésil Marie-Amélie est dirigé par des sœurs
françaises de Saint-Vincent-de-Paul. Elles s'efforcent, par leur
dévouement, de faire oublier à leurs compatriotes l'absence
de la patrie et la cause de leur exil. L'ancien consul de France,
M. Blaise, et son gendre, M. d'Oliveira, vice-consul actuel,
mettent avec un aimable empressement leur connaissance
du pays au service de leurs compatriotes. Ainsi, malgré la
prépondérance des Anglais et des mœurs anglaises, les

Français ne se sentent pas trop dépaysés à Madère. Sans doute, au lieu des bruyants plaisirs des grandes villes, ils ne trouvent guère que la vie de la campagne ; mais la jouissance d'une nature majestueuse, les douceurs d'un climat admirable et invariable, et la presque certitude du soulagement, sinon de la guérison, doivent paraître une compensation suffisante.

Le malade le plus sensible peut se promener pendant tout l'hiver à cheval ou en hamac. Les environs de Funchal offrent les promenades les plus agréables et les plus variées. De toutes parts, des chemins entourés d'une belle végétation que parent toutes les couleurs des tropiques. La ville est coupée par trois ravins (ribeiras), qui au temps des pluies deviennent de véritables torrents. Des deux côtés de ces torrents on a construit des routes assez raides, qui mènent aux montagnes. Dans la ville même, au bord de la mer, deux belles promenades offrent aux malades un air pur, un spectacle admirable et de frais ombrages. De Funchal à une petite ville voisine, Camara de Lobos, longeant tout le temps la mer, une route nouvellement établie constitue, sur une longueur de 6 kilomètres, une promenade très appréciée des étrangers. C'est là qu'ils viennent le plus souvent se livrer à un exercice modéré et fortifiant.

Les habitations de Funchal s'élèvent en amphithéâtre sur les flancs de la montagne jusqu'à une hauteur de 150 mètres. Elles sont différemment appréciées suivant leur hauteur et leur situation plus ou moins abritée. Celles qui sont sur les bords des ravins sont souvent exposées à des courants d'air froid ; l'exposition à l'ouest et au midi présente les plus

sérieux avantages. Il faut aussi tenir grand compte des plan-
tations qui entourent l'habitation et distinguer entre les
vignes (1) et la canne à sucre (2).

Madère possède une abondance merveilleuse d'arbres et
de fleurs. Les plantes des tropiques s'y multiplient en même
temps que celles des zones tempérées. La faune est très
restreinte; la chasse est presque nulle (lapins et bécasses
seulement). La mer est très riche en poissons. Il n'y a pas
d'animaux venimeux, pas même de moustiques.

(1) En 1852 l'*Oïdium Tuckeri* détruisit en peu de semaines la récolte presque
tout entière. Pendant plusieurs années, malgré tous les efforts, on ne put
lutter contre ce fléau, cause de la ruine de notre île. Vers 1864 seulement on
trouva dans l'emploi du soufre un remède aux ravages du terrible cryptogame.
On reprit l'ancienne culture, qu'on avait délaissée pour la cochenille, le
café et surtout la canne à sucre, de sorte qu'aujourd'hui on récolte par an en
moyenne 9000 pipes (de 4 hectolitres). Avant l'oïdium on en récoltait 25 000.
Si la quantité est moindre, la qualité est supérieure. Malheureusement, depuis
huit ans, le phylloxera a commencé ses ravages et menace à son tour de détruire
les vignes nouvelles.

(2) Pendant les mois secs de l'été et très souvent en hiver, on arrose les
champs de canne à sucre avec une telle profusion qu'il en résulte des sta-
gnations d'eau qui peuvent influencer sensiblement la santé de beaucoup de
malades et surtout des poitrinaires. Après la récolte des cannes, on laboure
les terres pour replanter, et j'observe alors quelquefois l'apparition de fièvres,
certes pas graves, mais qui pourraient paralyser l'effet du climat. La plupart des
habitations pour les malades sont du reste bien situées et répondent à toutes
les exigences de l'hygiène.

Table thermométrique (1).

FUNCHAL.	MAXIMUM.	MINIMUM.	OSCILLATION JOURNALIÈRE.	MOYENNE DU MOIS.	MOYENNE DE L'ANNÉE.	MOYENNE DE L'HIVER. (octobre à juin).	MOYENNE DE L'ÉTÉ.
Janvier.....	18.6	13.8	4.8	16.8			
Février.....	18.8	13.5	5.3	16.7			
Mars.	18.4	13.5	4.9	17.0			
Avril.......	18.9	14.0	4.9	17.2			
Mai.......	20.4	16.1	4.3	18.2			
Juin........	22.2	18.2	4.0	20.3			
Juillet......	23.8	19.7	4.1	22.1	19.27	17.9	22.0
Août.......	24.8	20.2	4.6	22.8			
Septembre..	24.8	19.9	4.9	22.8			
Octobre	23.4	18.2	5.2	21.2			
Novembre..	20.8	16.1	4.7	19.0			
Décembre ..	19.1	14.4	4.7	17.2			

Après les premières pluies qui tombent dans la seconde
moitié de septembre et l'abaissement de 1 ou 2 degrés qui
suit les chaleurs de l'été, le thermomètre reste invariable
jusqu'à la mi-novembre. Alors de nouvelles averses, accompagnées de vents de nord-ouest, produisent un autre abaissement plus sensible jusqu'au milieu de décembre, et à partir

(1) J'ai joint à ce petit travail un tableau graphique, qui représente les
températures maxima et minima des trois hivers 1869, 1870 et 1871. Le premier fut pour ainsi dire un hiver normal avec une température et une humidité moyenne; le second fut mauvais à cause des vents fréquents de N. O.,
des pluies abondantes et d'une température relativement basse; le troisième
fut très beau, très sec et très chaud. Cependant on remarquera que les lignes
qui indiquent la marche de la température marquent des différences peu
importantes, et conservent presque toujours leur parallélisme. Les différences
entre les maxima et les minima sont ordinairement de 4 à 6 degrés et ne
dépassent pas 11 degrés.

de cette époque le thermomètre reste de nouveau stationnaire jusqu'à la fin de janvier. Dans cette période de temps
il tombe rarement de la pluie. La neige, quand il y en a sur
les montagnes les plus élevées, ne reste que quelques jours
et ne modifie pas la température de la ville. Février apporte
la température la plus basse, qui persiste jusqu'au commencement du mois de mars et atteint son minimum avec les
pluies équinoxiales. Les minima moyens se trouvent presque
toujours en février et les minima absolus (1) quelquefois en
mars.

Malgré l'absence de changements peu brusques, le printemps amène des fluctuations qui ne laissent pas d'avoir leur
influence sur les maladies. Aussitôt après l'équinoxe com-
mence la température sèche et chaude et qui est la même tout
l'été. Cette température est absolument invariable pour la côte
méridionale et plus régulière que la température d'hiver.
De mai à septembre la pluie tombe rarement. Les journées
sont alors généralement chaudes ; la température s'élève un
peu vers le milieu d'août et atteint son maximum quand
souffle le vent est-sud-est, le *leste*, qui est le Sirocco de
Madère. Pendant les premières heures du jour, en été, le ciel
est clair et sans nuages, il se couvre lentement à partir de
onze heures et s'éclaircit de nouveau après le coucher du
soleil. La continuité d'une température pas trop élevée,
rafraîchie pendant la journée par les vents alizés et vers le
soir par les vents de la terre, la sécheresse relative de
l'atmosphère et sa pureté absolue, caractérisent l'été de
Madère pour les altitudes qui ne s'élèvent pas au-dessus
de 300 mètres. La possibilité qu'on a de changer de climat

(1) La température la plus basse que j'ai observée était de 8°,5 centigrades
pendant la nuit, et de 14 degrés pendant le jour.

pendant l'été, en choisissant une demeure plus élevée sur la montagne, donne à l'île comme station d'été une importance égale à celle qu'elle possède comme station d'hiver. On ne saurait trop recommander aux malades, qui viennent à Madère, d'y prolonger leur séjour pendant dix-huit mois quand les résultats de l'hiver ont amené une amélioration. Qu'on ne craigne pas, par un séjour ainsi prolongé, d'affaiblir la constitution, comme cela arrive trop souvent dans les pays chauds, et d'être ensuite incapable de supporter le climat de l'Europe. Jamais je n'ai vu un effet semblable dans le cas de guérison complète et même d'amélioration sensible. Il est cependant des cas où une interruption de la cure à Madère peut produire d'excellents résultats.

Table hygrométrique.

FUNCHAL.	PSYCHROMÈTRE			HUMIDITÉ RELATIVE.	JOURS DE PLUIE.	QUANTITÉ D'EAU en millimètres.
	SEC.	MOUILLÉ.	DIFFÉR.			
Décembre ...	17.19	14.03	3.16	72 %	14.0	.361
Janvier......	16.4	13.27	3.13	73	7.6	
Février......	16.2	13.68	2.52	67	9.2	
Mars........	16.65	13.88	2.77	66	9.8	127
Avril........	18.40	14.95	3.45	67	7.7	
Mai.........	18.98	15.5	3.48	69	5.9	
Juin	21.86	18.26	3.6	71	3.5	34
Juillet.......	—	—	—	71	2.9	
Août........	—	—	—	70	1.9	
Septembre...	—	—	—	68	7.7	238
Octobre	23.28	18.75	4.53	68	9.0	
Novembre ...	17.19	14.03	3.28	72	11.7	

Un autre élément caractéristique du climat de Madère est l'humidité atmosphérique. Considérée dans ses oscillations journalières, on trouve qu'elle diminue avec une régularité remarquable jusqu'à deux heures de l'après-midi ; à cette heure elle subit un temps d'arrêt pour s'élever de nouveau, lentement d'abord, plus tard assez rapidement, jusque vers le coucher du soleil. Cette augmentation vers le soir a beaucoup d'importance, car elle fait toujours sur l'état du malade une impression sensible. L'humidité atmosphérique s'accroît à mesure qu'on s'approche de la mer.

Je n'ai vu qu'une seule fois un brouillard épais envelopper Funchal et ses environs ; mais presque toujours, tous les soirs en hiver, on voit un voile de légères vapeurs blanchâtres descendre des montagnes et pénétrer dans la ville par les vallées.

Le vent de S. O. amène la saturation, le vent de S. E. et N. E. le minimum d'humidité. La plus forte sécheresse règne pendant le *leste* ; on voit alors entre les deux échelles du psychromètre une différence, qui atteint dix degrés pendant l'été et sept pendant l'hiver. En somme l'atmosphère de Madère est toujours chargée d'une humidité bienfaisante et tiède ; elle diminue en été et en automne et augmente en hiver. C'est donc une erreur de qualifier ce climat comme étant toujours très humide ; en tout cas ce n'est pas un climat pluvieux. Il n'y a que ceux qui passent l'été dans les endroits élevés qui se trouvent toute l'année dans une atmosphère à peu près également chargée d'humidité.

La rosée, assez abondante au bord de la mer, est assez légère sur les hauteurs. Avec le *leste* il n'y a jamais de rosée.

Le chiffre des journées de pluie varie considérablement : quarante dans certains hivers, quatre-vingt-dix dans d'autres. Le pluviomètre accuse des quantités qui varient entre 300 et 1100 millimètres. La plus grande quantité d'eau que j'ai observée pendant vingt-quatre heures était de 60 millimètres.

La neige ne se voit que sur les cimes les plus élevées, elle ne descend jamais à moins de 700 mètres au-dessus de la mer, elle ne reste que très peu de temps et n'influence presque jamais le climat de Funchal. Du reste il se passe généralement plusieurs années sans qu'il y ait de la neige sur la montagne.

Les orages sont excessivement rares ; plus fréquents en hiver qu'en été ; en moyenne quatre ou cinq par an.

Table barométrique.

FUNCHAL 17.5 m. au-dessus DE LA MER.	PRESSION MOYENNE.	MAXIMUM.	MINIMUM.	DIFFÉRENCE
Octobre	757.9	760.2	753.44	6.76
Novembre	746.6	763.6	748.93	14.67
Décembre	759.3	768	750.06	17.94
Janvier	761.3	770.46	755.7	14.76
Février	758.58	768.11	752.32	15.79
Mars	758.65	768.11	749.4	18.71
Avril	8.9.3	761.34	750.0	11.34
Mai	758.5	761.9	748.93	12.97
Juin	758.2	762.5	755.7	6.8

La régularité est aussi constante dans les phénomènes indiqués par le baromètre que dans ceux que marque le thermomètre. Les changements brusques sont rares ; en été les vents alizés produisent une pression plus forte que celle qui a lieu en hiver. Les variations les plus considérables s'observent au mois de mars, mais je n'ai pas remarqué qu'elles aient beaucoup d'influence sur l'état général des poitrinaires et sur la fréquence de certains accidents, entre autres sur les hémoptysies. Les variations journalières indiquent le matin la plus haute pression, une diminution graduelle jusqu'à l'après-midi, un état stationnaire pendant quelques heures et une nouvelle augmentation après le coucher du soleil.

Pour se former une idée exacte du climat de Madère, il faut bien étudier la marche du vent, dont la violence ou les retours fréquents empêcheraient d'ailleurs le malade de rester dehors et d'atteindre le but de son voyage.

Table des vents (1).

SAISON.	N.	N.-E.	E.	S.-E.	S.	S.-O.	O.	N.-O.
Hiver........	221	332	6	55	22	28	221	5
Printemps ...	125	353	141	33	5	27	207	109
Été..	36	690	56	11	0	0	141	57
Automne.....	71	401	10	44	0	28	253	93
An..........	113	444	95	36	7	21	206	78

(1) Cette table donne les observations (après Heineken) sur la fréquence des différents vents à raison de 1000 jours par saison.

La direction générale du vent à Madère a peu d'importance pour Funchal. Les montagnes, les ravins profonds, la différence de température entre la terre et la mer modifient essentiellement la marche des courants aériens. La ville est couverte par un demi-cercle de hautes montagnes qui la protègent du vent du nord, du vent de l'ouest et un peu du côté de l'est. Les vents froids et violents du nord sont déviés par les montagnes et rejetés, à quelques lieues de Funchal, dans la mer, de sorte qu'on la voit écumer au loin tandis que la ville et le port jouissent du calme ou d'une légère brise d'ouest. Disons cependant que les journées absolument sans vent sont très rares, mais, comme nous l'avons fait observer, il y a peu de journées où le vent soit assez fort pour empêcher les promenades au dehors. Du lever du soleil jusqu'à dix heures le ciel est clair, et l'air calme; c'est le meilleur moment pour ceux de nos malades qui doivent profiter des promenades et surtout des ascensions comme moyens d'exercice respiratoire. A partir de dix heures le vent de la mer vient à augmenter, et ne se calme qu'entre trois et quatre heures. Alors s'élève jusqu'au soir le vent plus ou moins fort mais toujours refroidi de la terre.

Le vent qui domine en été est le N.E.; pendant les pluies équinoxiales de l'automne le S.O.; pendant les pluies hivernales l'O. et le N.O., et au printemps le S.O. et le N. O. Le *leste* vient des déserts du Sahara, souffle dans la direction E.S.E. et ne dure que quelques heures ou trois jours en hiver et de trois à six jours pendant l'été. Il est presque toujours suivi de pluies abondantes en hiver.

L'atmosphère contient beaucoup d'ozone près de la mer, surtout au temps des fortes averses accompagnées de vent S.O. On n'en trouve presque pas pendant le *leste*.

La qualité la plus remarquable de l'air de Madère est sa pureté absolue et l'absence complète de poussière. L'humidité atmosphérique, le pavage de presque toutes les routes de l'île, l'absence de voitures à roues (1), la culture qui se fait toute à la main, et enfin l'entraînement de tous les détritus à la mer par les pluies sont la cause de ce curieux et salutaire phénomène. Même en ville l'air reste toujours très pur à cause des vastes jardins ou terrains cultivés qui entourent les maisons ; de plus il n'y a pas de fumée, la population étant pauvre et sobre et les appartements n'étant pas chauffés, vu la douceur du climat. Ce n'est qu'au temps de la récolte des cannes à sucre, de la seconde moitié de février jusqu'au commencement de mai, que les deux seules usines qui existent à Funchal répandent dans leur voisinage des émanations, du reste sans influence sur l'état général de l'air.

Les différences locales pour la température et les autres conditions climatériques entre Funchal et les localités environnantes sont trop nombreuses pour être toutes indiquées ici. Par 50 mètres d'élévation, le thermomètre baisse d'un degré ; l'ouest de Funchal est plus frais que le centre de la ville.

Le climat des diverses stations qu'on peut choisir pendant l'été sur les flancs de la montagne varie suivant la hauteur et l'exposition plus ou moins abritée. J'indique ici les observations faites pendant l'été 1872, dans les trois groupes principaux de stations d'été sur la côte méridionale.

(1) On ne se sert dans l'île que de traîneaux qui glissent sur les pavés. Ils sont tous attelés de bœufs.

	QUINTA BOA NOVA 250 MÈTRES.			PALHEIRO. 450 MÈTRES.			CAMACHA 550 MÈTRES.		
	8 h.	2 h.	7 h.	7 h.	2 h.	7 h.	8 h.	2 h.	8 h.
Juillet...	16.6	18.25	16.8	15.9	16.9	14.56	15.49	16.2	14.27
Août....	18	20.1	18.25	16.9	17.77	15.56	17.78	19.1	14.6
Septemb.	16.9	18.7	17.4	15.12	16.06	13.67	12.0	13.0	9.73

Des stations plus élevées que 800 mètres sont inhabitables à cause de la stérilité des hauteurs, du manque absolu d'eau et de communications et surtout à cause des nuages qui enveloppent la plupart du temps la chaîne centrale.

La petite ville de Santa Cruz, située à l'est de Funchal et plus ouverte aux vents de l'est et du N.E., est une très bonne station de printemps et d'automne; pendant l'été le séjour de Santa Anna, au nord de l'île, élevée d'à peu près 250 mètres au dessus de la mer, peut se recommander à quelques malades.

L'état sanitaire de la population de Madère est très satisfaisant.

Le Madérien est vigoureux, de taille moyenne, d'un teint très foncé, indiquant un peu le sang africain. L'île contenait autrefois un grand nombre d'esclaves, nègres ou maures, qui n'ont pas été sans influence sur le type actuel. La durée moyenne de la vie est de trente-cinq ans, la proportion des décès est, par an, de 20 sur 1,000 habitants (1). Dans la

(1) Paris, 26,5; Vienne, 31,8; Berlin, 32,3; Florence, 34,8; Rome, 37,7. Le chiffre de la mortalité à Madère serai   lus bas sans la déplorable négligence qui fait périr tant d'enfan en bas âge !

classe aisée, sous l'influence de l'oisiveté et du climat tempéré; l'obésité est précoce et très frappante. La population se nourrit presque exclusivement de farineux, auxquels elle ajoute de temps à autre des rations de porc salé ou de poisson. Les habitations des gens de la campagne sont tout à fait primitives : un trou creusé dans le roc ou quatre murs très bas en pierres, sans mortier, couverts de chaume, une porte servant à la fois de fenêtre et de cheminée, voilà la misérable demeure où s'entassent souvent des familles très nombreuses. Habitations humides, malsaines, sans air, sans propreté, cause de beaucoup de maladies cutanées et constitutionnelles. Les mariages se concluent de très bonne heure et presque toujours entre personnes de la même paroisse avec trop peu d'attention aux liens de parenté. De tout cela résulte un nombre assez considérable de scrofuleux et de phthisiques parmi les Madériens. Les changements brusques de température auxquels se soumettent la plupart des habitants du voisinage de Funchal, en descendant tous les matins de la montagne à la ville, ou avec de lourdes charges ou pour se livrer au dur métier de porteur de hamac, augmentent encore le nombre des maladies des poumons et du cœur. La phthisie atteint moins les hommes que les femmes, qui restent toujours enfermées dans leurs cabanes, se livrant généralement à la broderie et aux travaux d'aiguille. Malgré toutes ces causes réunies la mort par la phthisie ne dépasse pas un cas sur vingt décès, résultat étonnant quand on considère les statistiques des divers pays de l'Europe moins favorisés par le climat (1). Parmi les descendants des résidants étrangers, qui sont venus se fixer à Madère pour raison de santé, apportant avec eux ou une phthisie bien développée ou le

____

(1) Marseille, 1 sur 4; Paris, 1 sur 8; Rome, 1 sur 10; Naples, 1 sur 9.

germe héréditaire de cette maladie, je n'ai connu qu'un seul cas de mort par la phthisie pendant les quinze ans de mon séjour.

Les maladies épidémiques sont infiniment rares, surtout pendant l'hiver. Je n'ai assisté qu'à une épidémie de petite vérole introduite par un navire portugais et facilement répandue dans une population qui s'oppose par négligence et par préjugé à la vaccine. La scarlatine et la diphthérie sont rares, la rougeole et la coqueluche se montrent à des intervalles très éloignés et se terminent toujours sans conséquences fatales (1). Au printemps et en été on voit des cas de fièvres gastrique et typhoïde, surtout parmi la population pauvre qui néglige toute précaution d'hygiène, qui se nourrit mal et boit l'eau des levadas (canaux d'irrigation) chargées de détritus végétaux.

Le nouvel arrivant a à craindre les diarrhées, s'il fait des fruits un usage immodéré, et s'il boit pure l'eau du pays qui ne contient pas assez de sels minéraux. Une maladie endémique propre à Madère n'existe pas! Les diarrhées sont, comme j'ai dit, ou des catarrhes intestinaux occasionnés par une nourriture préjudiciable, ainsi qu'il arrive en automne dans les autres pays, ou la conséquence d'ulcérations tuberculeuses. L'acclimatation, même quand on arrive de très bonne heure en hiver, se fait facilement, pourvu qu'on prenne de légères précautions.

(1) Cette absence de maladies graves de l'enfance et l'influence salutaire du climat sur la croissance et le développement solide du corps, font de notre île une station excellente jusqu'à l'âge de quatorze ou quinze ans; plus tard un climat froid est souvent indiqué pour arrêter cette poussée qui deviendrait à la fin trop débilitante pour la constitution. Les enfants s'acclimatent d'ailleurs avec une facilité surprenante.

Un autre reproche qu'on fait à notre climat, c'est de produire une relaxation générale et d'amener un état bilieux; ce reproche est juste quand on se livre à un régime trop stimulant et quand on mène une existence trop sédentaire.

Pour toutes les formes de phthisie à caractère éréthique, le climat calmant de Madère se recommande en première ligne. Même dans les cas avancés, on réussit à arrêter la marche de la maladie pendant longtemps, et souvent on amène la guérison par une cicatrisation complète. Bien nombreux sont les malades qui, après avoir parcouru toutes les stations d'hiver, ne réussissent à trouver la guérison qu'à Madère ! On ne saurait cependant trop combattre l'idée que Madère n'est utile que dans les cas extrêmes. Ceux qui viennent dès le début, au lieu de perdre leur temps et trop souvent, hélas, leur santé dans des expériences insuffisantes, s'assurent un succès rapide et définitif.

Je recommande encore l'île dans les cas de phthisie à caractère torpide, pourvu qu'il n'y ait pas trop de progrès ni de graves complications.

Je n'exclus que les cas accompagnés de fièvre trop forte ou continuelle, les ramollissements aigus, les blennorrhées bronchiales, les asthmes nerveux et les derniers degrés d'emphysème. Pour ces dernières catégories de maladies, j'ai vu quelquefois d'assez bons résultats produits par le climat d'été, d'avril jusqu'à octobre.

La laryngite tuberculeuse, tout incurable qu'elle est, subit parfois un temps d'arrêt; la simple laryngite et la bronchite guérissent facilement. L'absorption des dépôts pleurétiques est remarquablement facilitée par le climat. Tous les convalescents, après les différentes maladies aiguës, retrouvent bien vite les forces perdues.

Madère est la station par excellence pour le traitement des maladies endémiques et épidémiques contractées sur la côte d'Afrique. Toutes les fièvres paludéennes, les dégénérescences du foie ou de la rate, les formes aiguës et chroniques de la dysenterie tropicale sous l'influence du changement de climat aidé d'un traitement judicieux s'y guérissent promptement (1).

La syphilis est assez répandue à Madère où les autorités n'exercent pas de surveillance sérieuse; cependant la maladie n'a que rarement des conséquences graves. Les cas même invétérés subissent l'influence bienfaisante du climat chaud et humide et le traitement spécifique devient ici très efficace.

La chlorose se guérit facilement; les maladies rénales dans leur premier degré subissent une amélioration sensible.

Les maladies rhumatismales, les maladies chroniques de la moelle épinière contre-indiquent le climat de Madère.

En tout cas le malade doit se disposer, dès son départ, à rester dans l'île autant de temps que sa santé l'exigera. La possibilité de continuer la cure pendant tout le temps nécessaire n'est pas ce qui contribue le moins au succès de notre

---

(1) L'île de Madère est considérée par le gouvernement des colonies anglaises de la côte d'Afrique comme station sanitaire, et il y envoie tous les officiers et tous les employés atteints de maladies tropicales. Il est étonnant que la colonie du Sénégal ne profite que très rarement de notre station avec laquelle elle est en communication directe et régulière.

station. Le malade trouve ici tout ce qui peut aider le climat :
les bains de mer, les ascensions habituelles, les cures de lait
et de raisin, les promenades en mer ou à cheval et en hamac,
la vie réglée et calme.

Malgré ces avantages, il est à désirer qu'on ne laisse pas
venir les malades seuls, surtout les jeunes gens. L'éloigne-
ment de la famille et des amis, la monotonie de la vie, l'im-
patience du malade, qui retrouve sa force et son bien-être
et a hâte d'en jouir, causent trop souvent des imprudences
qui détruisent vite les meilleurs résultats.

Le voyage à Madère offre d'autant plus d'avantages au
malade qu'il se fait par la voie la plus directe. Qu'on ne se
décide pas trop tard et quand la saison est trop avancée. On
doit se mettre en route vers le milieu ou la fin de septembre,
époque où il n'y a à redouter ni les tempêtes en mer ni les
chaleurs à Funchal. Le mal de mer et l'influence qu'on lui
suppose sur l'état du poitrinaire ne doivent pas l'arrêter. Je
n'ai jamais observé de conséquence fatale en mer, même
chez les malades les plus disposés aux hémorrhagies et même
quand il leur arrivait à bord des accidents d'hémoptysie.
Très souvent, peu de temps après son installation à bord, le
malade voit la toux se calmer, l'expectoration diminuer et la
fièvre baisser (1). Il faut, autant que possible, se procurer
une cabine spacieuse située au milieu du bateau et également
éloignée de l'hélice et de la machine. Une position tranquille, au lit ou sur le pont (2) pendant la journée, garantis-

(1) Une amélioration commencée pendant le voyage est de bon augure pour
le séjour à Funchal, vu son climat marin.

(2) Que le malade se procure un bon fauteuil pour s'installer conforta-
blement sur le pont.

sent le mieux contre le mal de mer. En aucun cas il ne doit se dispenser de prendre une nourriture légère et fortifiante. Vers le soir le malade quittera le pont.

Les routes les plus suivies sont celles par l'Angleterre. Tous les vendredis un steamer part de Plymouth ou de Dartmouth pour le Cap, faisant escale à Madère. Les paquebots sont envoyés alternativement par deux grandes compagnies anglaises : le *Union Steam Ship Company* (1), partant de Southampton et Plymouth, et le *Donald Currie and Co's Colonial Mail Steam-Ship-Company* (2), partant de Londres et de Darmouth. Les steamers de ces deux compagnies offrent tout le luxe et tout le confort désirables ; la durée du trajet est de trois jours et demi à quatre jours et demi. Prix en première cabine : £ 20 (500 francs) ; en seconde : £ 12, 12 ch. (315 francs).

Il y a deux autres lignes anglaises qui partent de Liverpool : l'*African Steam Ship Company* (3) et le *British and African Steam-Ship-Company* (4). Nous recommandons peu

(1) S'adresser ou Oriental Place, Southampton, ou 18, Leadenhall Street Londres. Agences : à Paris, G. Dunlop et C°, 38, avenue de l'Opéra ; à Bordeaux, V. Depas, 9, place Richelieu ; Anvers, MM. Kennedy et Hunter ; au Havre, Langstaff, Ehrenberg et Pollak ; Amsterdam, De Vries et C° ; Bâle, Schneebeli et C°.

(2) S'adresser 3 et 4, Fenchurch Street, Londres. Agences à Paris et au Havre : M. John M. Currie ; à Bordeaux, M. Currie et C° ; à Anvers, M, F. Huger ; à Amsterdam, MM. Colgaardt et Bruinier.

(3) S'adresser à M. Alexander Sinclair, 31, James Street, Liverpool, ou African-Steam-Ship Company, 21, Great S. Helens, Londres. Agence au Havre : MM. Burns et Mac Iver, 21, quai d'Orléans.

(4) S'adresser à MM. Elder, Dempster et C°, 48, Castle Street Liverpool ou MM. J. A. Malcolm et C°, 5, Crosby Square, Londres. Agence au Havre : MM. Burns et Mac Iver, 21, quai d'Orléans,

ces vapeurs qui mettent sept jours de Liverpool à Madère et qui n'offrent qu'une installation médiocre aux malades. De plus, le port de Liverpool les expose trop par son climat froid et humide. Prix de la traversée : £ 15 (375 francs).

Plusieurs fois, en automne, à des époques qui ne sont pas fixes, les magnifiques steamers du Lloyd de Brême partent d'Anvers et de Bordeaux (1) pour Madère. Traversée de Bordeaux : quatre jours; prix de première cabine : 375 francs.

La Compagnie française transatlantique (5, rue Halévy, Paris) fait encore escale à Madère, quand il y a un nombre suffisant de passagers. Prix : 500, 400 et 300 francs.

De même la compagnie anglaise du Pacifique, *The Pacific Steam-Navigation Compagny* (2), partant de Bordeaux, fait quelquefois escale à Madère.

La Compagnie Lamport et Holt (3) envoie deux fois par mois ses bateaux d'Anvers ou du Havre à Madère; bateaux très sûrs, bons marcheurs, avec excellente installation. Prix de première cabine : 300 francs (4). Le vingt de chaque mois

(1) S'adresser au *Lloyd* à Brême. Agence à Bordeaux : M. Charles Kœhler.

(2) S'adresser au Pacific Company, 31, James Street, Liverpool ou MM. N. Griffiths, Tate et C°, 5 et 7, Fenchurch Street, Londres. Agences : M. G. Waters, boulevard des Italiens, 30, Paris; MM. Burns et Mac Iver, 21, quai d'Orléans, le Havre ; M. August Schmitz et C°, Anvers ; M. Ruys et C°, Rotterdam.

(3) S'adresser à MM. Lamport et Holt, 21, Water Street, Livrepool. Agences au Havre : M. John M. Currie; à Anvers, MM. Kenedy et Hunter.

(4) Avec la plupart de ces compagnies les familles un peu nombreuses obtiennent facilement une réduction des prix.

elle envoie de Liverpool un steamer à Madère avec escale à Lisbonne. Prix de première cabine : £ 15 (375 francs).

De Bordeaux à Lisbonne, deux fois par mois, service régulier par les Messageries; du Havre à Lisbonne, trois fois par mois, par la ligne péninsulaire.

Le voyage par terre jusqu'à Lisbonne est long et fatigant, le malade ne pouvant s'arrêter qu'à Madrid. De Bordeaux à Madrid il y a des wagons-lits, de Madrid à Lisbonne (vingt-six heures), aucun arrangement spécial pour les personnes souffrantes.

De Lisbonne à Madère, deux départs réguliers par mois : le 5, par la Compagnie portugaise de la côte d'Afrique (1), et le 20 par le paquebot portugais *le Luso*, appartenant à la Compagnie insulaire (2) ! Durée de la traversée : cinquante à cinquante-quatre heures ; prix de première cabine : 150 francs.

Aussitôt que le paquebot a jeté l'ancre dans la baie de Funchal et que la libre pratique est donnée, les chefs des hôtels ou leurs employés viennent à bord se mettre à la disposition des voyageurs. Les formalités de la douane sont très sommaires. Il n'y a de difficulté que pour les cigares et le tabac. Même en les déclarant on ne peut en garder plus d'un demi-kilo ; mais il n'y a pas de difficulté pour en faire venir par voie de Lisbonne.

(1) S'adresser à M. E. George, rua do Ferregial de Cima, 4, Lisbonne.
(2) S'adresser à M. Germano Serrao Arnaud, caes do Sodre, Lisbonne.

Les passeports ne sont pas exigés mais sont toujours utiles.

L'hôtel Santa Clara est le plus fréquenté par les Français; il est dans une situation très favorable pour les malades, il offre une très belle vue sur la mer et les environs de Funchal et dispose d'un grand nombre de chambres bien meublées et bien exposées. — L'Edinburgh-Hôtel est à quelques pas de la plage et de la principale place publique. — L'hôtel Carmo, très bien tenu, possède un magnifique jardin. Ces trois établissements sont dirigés par les propriétaires, MM. Reid, père et fils. Prix d'une chambre, service et nourture compris : 330 francs, pour quatre semaines. Ce prix peut varier suivant les appartements. L'hôtel Schlaaff est fréquenté par les Allemands; très bien situé, hôtel de premier ordre comme les trois précédents. Propriétaire : M. Schlaaff. Les autres hôtels de Funchal sont tenus par des Portugais et inférieurs à tous égards.

Il n'y a pas d'appartements meublés ni de restaurants.

Pour passer l'été, on trouve un joli hôtel bien tenu et bien situé à Santa Cruz, à quelques heures de Funchal; un autre à Santa Anna, au nord de l'île, à 250 mètres au-dessus de la mer.

Villas (en portugais, *quintas*) meublées de toutes les grandeurs et de tous les prix (de 1500 à 10 000 francs pour la saison d'hiver) aux environs de Funchal et dans la ville. Il n'y a à apporter que l'argenterie et le linge.

Les domestiques (cuisiniers, femmes de chambre, etc.) sont bons, sobres et honnêtes, parlant tous un peu l'anglais.

Comme on ne connaît que la cuisine anglaise ou portugaise, il y aurait avantage à amener un cuisinier français pour ne rien changer aux habitudes du malade.

La viande de boucherie est excellente, la volaille est bonne, le poisson abonde, le lait et les œufs sont d'une qualité supérieure, les légumes toute l'année frais mais peu variés.

Le vin de Madère est trop fort pour beaucoup de malades, mais on trouve à acheter de bon vin de Bordeaux. D'ailleurs, on peut apporter quelques caisses de vin sans difficultés de douane.

Le pays est parfaitement tranquille et sûr ; jamais d'attentats contre la vie et la propriété. On peut dire sans exagération que les Madériens sont le peuple le plus doux et le plus inoffensif du monde.

Comme lieux de réunion, on trouve le Club anglais avec belle bibliothèque et grand choix de journaux ; l'Association commerciale avec jolie terrasse donnant sur la mer, et le Cercle portugais. Le visiteur peut se faire inscrire comme membre sur simple présentation.

Le câble de la Compagnie des télégraphes du Brésil met l'île en communication directe avec toutes les parties du monde. Prix par mot, pour la France, 2 francs 50 centimes.

La poste est bien organisée. On doit diriger toutes ses correspondances et journaux par voie anglaise. Madère fait partie de l'union postale. En France, les lettres doivent être mises à la poste le mardi ou au plus tard le mercredi soir pour le courrier du Cap.

Comme il n'y a pas de librairies à Madère, on fera bien d'apporter des livres et de s'arranger en France avec son libraire pour des envois réguliers.

On peut facilement envoyer toute espèce de paquets et de caisses par l'intermédiaire des messageries françaises par Bordeaux et Lisbonne ou par l'agence des « African steamers » par Liverpool, ou enfin de Londres par les vapeurs de MM. Forwood Brothers et Co, Queen Insurance Buildings, 60 Gracechurch Street. Les magasins de Funchal sont médiocrement garnis ; les ouvriers sont assez habiles et intelligents. Les vêtements de demi-saison suffisent pour notre climat d'hiver ; on fera bien cependant d'en prendre quelques-uns d'hiver pour le voyage.

L'or anglais et la monnaie portugaise servent pour toutes les transactions, une livre sterling valant 4500 reis et le franc 180 reis. L'or français n'a pas de cours. La meilleure manière de se faire envoyer de l'argent consiste dans des traites sur Londres ou des lettres de crédit en valeurs anglaises. Les *banknotes* anglaises sont négociables. Les principaux banquiers sont : MM. Blandy Brothers et Co ; MM. Krohn Brothers et Co ; MM. Cossart, Gordon et Co, et l'Agence de la Banque de Portugal.

FIN

TABLE DES MATIÈRES

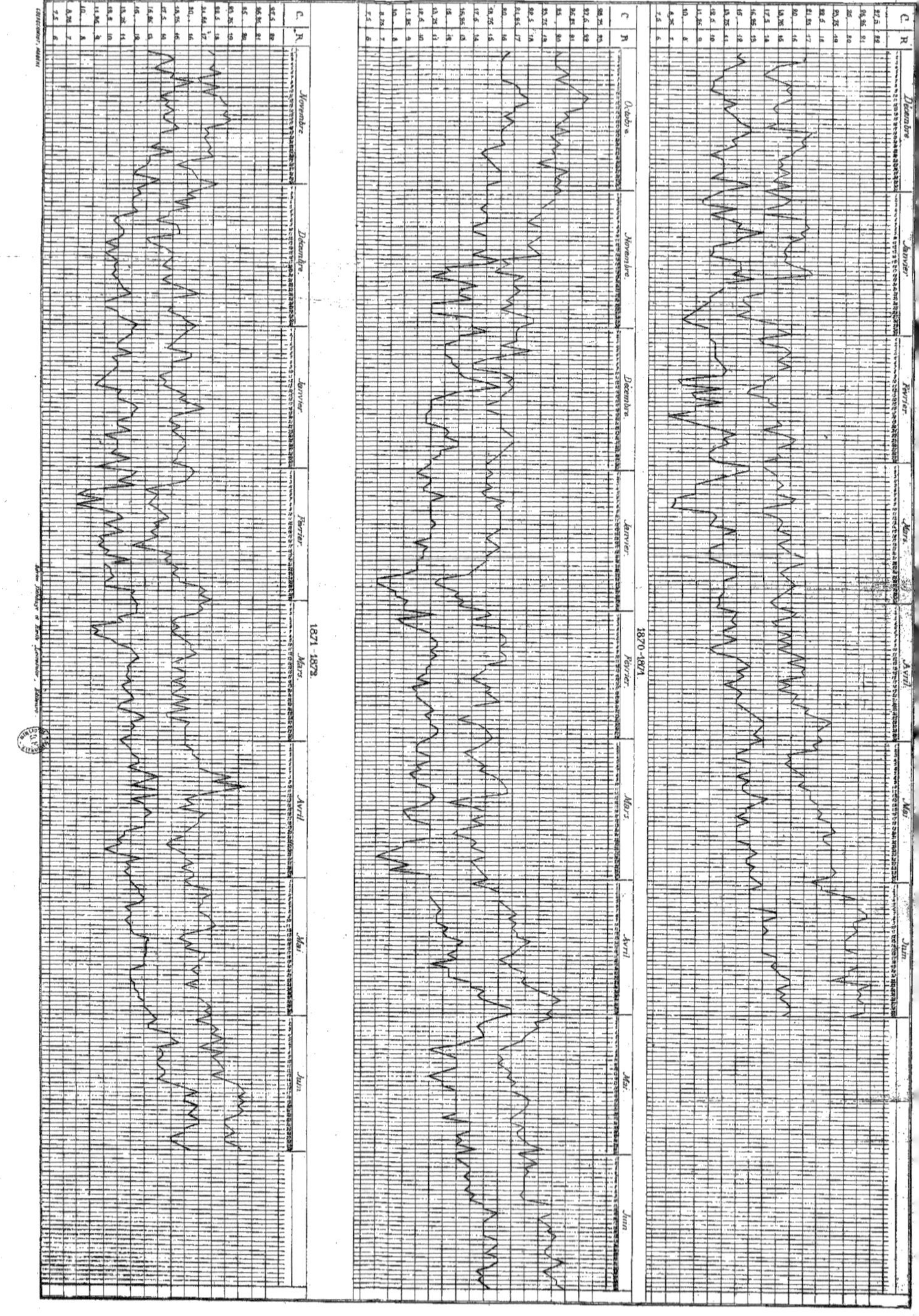

9 782013 343329